별 들이   자리
　 머문

사랑과 이별
그리고
삶의 그 아픔들
순수했던 시절의 우리

별 들이 자리 머문

임철홍 시집

WHERE
THE STARS
STAY

바른북스

시

나에게 시란

못다 한 이야기를
쓰는 일기장

너에게 전하는
내 마음의 편지

나의 마음을
위로해 주는 글

마음을 편하게
해주는 안정제

삶을 살아가는
나의 꿈, 원동력

너에게 시란
무엇이니?

목 차
　✳

시

I 사랑

레고 · 12
시나리오 · 14
배터리 · 15
자석 · 16
눈동자 · 17
조명 · 18
소풍 · 20
색깔 · 22
바보 · 23
관계 · 24
꽃말 · 25
꽃다발 · 26
산책 · 27
도둑 · 28

바람 · 29

수면제 · 30

함께 · 31

핫팩 · 32

솜사탕 · 33

달과 별 · 34

사랑 · 35

신호등 · 36

눈 · 38

나에게 넌 · 40

햇살 · 41

거울 · 42

너란 꽃 · 44

소리 · 45

그림 · 46

널 만난 날 · 47

독 · 48

편지 · 50

나무 · 52

소확행 · 54

유성 · 55

마법 · 56

향기 · 57

그냥 · 58

먼지 · 60

번개 · 61

나의 작은 세상 · 62

II 이별

기다림 · 68
엔딩 · 69
사계절 · 70
휴지통 · 71
신발 끈 · 72
흉터 · 73
동전 · 74
감기 · 75
핸드폰 · 76
인사 · 77
장미 · 78
장작 · 80
사진 · 82
시작은? 끝은. · 83
꿈 · 84

정류장 · 86
물결 · 88
메아리 · 90
시계 · 91
아는 사람 · 92
타이밍 · 93
비 · 94
구름 · 96
낭만 · 98
후회 · 99
만우절 · 100
노래 · 101
밤 · 102
구멍 · 104

III. 삶

터널 · 110
넥타이 · 112
낚시 · 113
문 · 114
주마등 · 116
장인 · 117
담배 · 118
게임중독 · 119
안개 · 120
나이 · 121
시작 · 122
힘들어하는 그대들에게 · 123
공터 · 124
별의 모습 · 126
그림자 · 128

자서전 · 129
일기 · 130
보물 · 131
욕심 · 132
욕심 해석 · 133
길 · 134
파도 · 136
클로버 · 138
미로 · 140
성장통 · 141
이야기 · 142
순환 · 144
술 · 145
돌 · 146
물결에 비친 세상 · 148

마무리

I 사랑

레고

작디작은 벽돌
끝이 없는
무한한 가능성

무엇이든
창조 가능한
블록으로

우리 둘만의
이야기를
제작해본다

처음에는
천천히 조금씩
쌓아 올린 블록이

어느덧 커다란
사랑이란 작품이
완성되었다

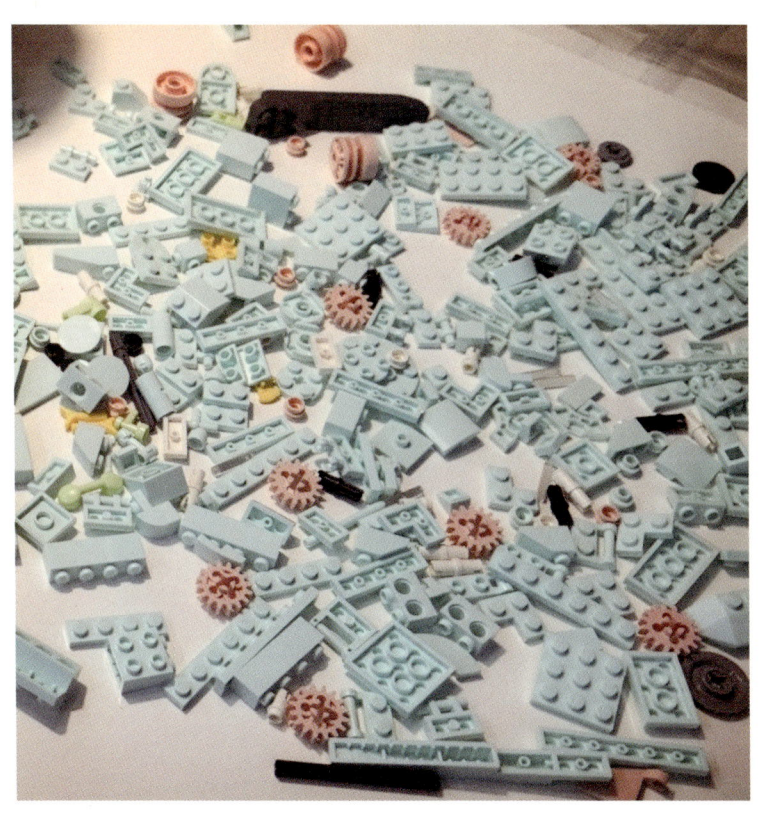

Ⅰ. 사랑

시나리오

한 편의 영화
같았던 우리

한 편의 드라마
같았던 우리

한 편의 동화
같았던 우리

사랑에
정답은 없고

우리는 각자의
방식으로

사랑이라는
시나리오를 써갔네

배터리

배터리가
점점 닳아

체력이 점점
빠진다

충전기를
연결했다

배터리가
점점 차오른다

너를 만났다
체력이 점점 찬다

너는 나의
충전기다

자석

자석처럼
끌리는 우리

자석처럼
밀어내는 우리

N극과 S극을
띠고 있는 우리는

서로가 다름에
서로가 닮아있고

서로의 부족함에
서로를 채우네

너와 나는 한편의
자석처럼 이끌리네

눈동자

눈동자를
들여보다

아름답고 광활한
우주를 보았네

너무 아름다운
너의 눈동자는

나를 무중력
상태로 만들었네

너무 매혹적인
너의 눈동자는

나를 홀렸고
황홀하게 만들었네

조명

조용하고
어두운 방 안

조명 하나를
틀어본다

어두웠던
방 안이

환한 빛으로
물들고

그 빛은 나를
감싸안았네

포근하고
따스한

그 조명은
너였다

I . 사랑

소풍

아침 일찍 일어나
김밥을 싸고

너를 깨우고
길을 나선다

나무 아래
그늘진 곳에

돗자리를
펼쳐 앉고

오순도순
이야기를 나누며

눈을 마주치고
웃음을 지으며

이대로 시간이
멈추길 기도한다

Ⅰ. 사랑

색깔

색을 잃어버린
회색빛의 세상 속

앞에 놓여있는
크레파스 하나

아무렇게나
낙서를 해본다

낙서가 커지고
빛이 일어나네

메말랐던 감정에
새로운 싹이 폈네

나만의 색깔로
세상을 채워본다

바보

절대란 말은
없더라

영원이란
없더라

바보처럼
속았네

바보처럼
믿었네

그럼에도
바보처럼

나는 또
속아주네

사랑이란
바보가 되는 것

관계

우리의 관계는
형용할 수 없는 관계

실처럼 엉켜있는
실타래

꽁꽁 얽혀있는
거미줄

밀고 당기는
줄다리기

서로를 옭아매는
그물망

마치 복잡한
룬어처럼

우리의 관계는
표현할 길이 없네

꽃말

저마다
다 다른 특징

색상마다
다 다른 상징

꽃말의 의미는
사람의 감정과 같고

내 감정을 대변해
손을 내민다

때로는 한마디
말보다는

한 송이의 꽃을
건네어 본다

꽃다발

오늘은
매우 떨리는
그런 날이다

그토록
준비하고
준비한 날

그토록
기다리고
기다린 날

손에 꽃다발을
꽉 쥐어 잡고
너의 앞에 선다

앞으로도 저와 함께
세상의 아름다움을
세상의 끝을 같이해요

산책

낮에는
따사로운 햇볕
향긋한 꽃내음

밤에는
시원한 밤공기
아름다운 야경

이 감상을 느끼며
느릿느릿 천천히
한 발자국씩 걸어본다

나만 보는 것이 아쉬워
사진을 한 장 찍어
너에게 보내본다

이 아름다운 거리를
너와 함께 걷고 싶어
우리 같이 산책할래?

도둑

잠깐 한눈판 사이
도둑이 들었다

도둑은 내 마음을
훔쳐 달아났다

나는 도둑을
끝까지 따라갔다

너란 도둑을 잡아
수갑을 채웠다

그렇게 우리는
손을 마주 잡았다

바람

어디선가 갑자기
불어오는 바람

그 바람은 모든 걸
살랑살랑 흔들었네

꽃도, 나무도, 풀잎도
신이 나서 춤을 추네

모든 생명이
흥에 취해 춤을 출 때

나 또한 바람처럼
나타난 너에게

마음이 살랑살랑
춤을 추네

수면제

매일 밤 불면증

어떠한 방법도
어떠한 약들도

소용이 없었네

그때 등장한
아리따운 너

너의 품에 안겨
잠을 청해보네

너의 품은 마치
한 편의 안정제

마음이 가라앉아
곤히 잠에 빠지네

너는 나만의 수면제라네

함께

벚꽃이 피는 봄

햇살이 뜨거운 여름

단풍이 물드는 가을

눈이 내리는 겨울

모든 계절이 지나도

우리는 함께이길 바라

함께여서 고마워

핫팩

없으면
춥다

있으면
따듯하다

사랑은
핫팩인가 보다

솜사탕

구름은
둥실둥실
떠있네

구름을 닮은
솜사탕은
나를 둥실둥실하게 하네

나를 달콤하게
만드는 너는
솜사탕이네

달과 별

달이 참 밝다
마치 너의
미소처럼

별이 반짝인다
마치 너의
모습처럼

사랑

사랑이란
정말 신기해

네가 슬프면
나도 슬프고

네가 기쁘면
나도 기쁘고

네가 아프면
나도 아파

혹시 너도 그러니?

신호등

빨간색, 주황색, 초록색
신호등 색깔에 따라
그 의미가 정해져 있네

이 신호등 색은
꼭 사랑과
동일한 거 같아

빨간색
널 향해 가고 싶지만
어쩔 수 없이
멈춰야 하는 마음

주황색
다가가야 할지
아니면 멈춰야 할지
고민하는 단계

초록색
오랜 기다림 끝에

너에게로 다가가는
달려가고 싶은 마음

이렇게 신호등과
사랑은 비슷한 거 같아
기다림 끝에
신호가 바뀌듯

사랑도 기다림 끝엔
행복이 찾아올 테니
서두르지 말고 천천히
여유롭게 기다려 보자

눈

겨울에 내리는 눈

나무 위에
소복하게 쌓이는
아름다운 눈

하얗게 깔리는
깨끗한
하얀 도화지

내릴 때면
괜스레
설레는 마음

보기만 해도
아름다운 너

깨끗한
하얀 마음

너를 생각할 때
설레는 마음

눈은 너이고
사랑은 눈이네

나에게 넌

눈을 감으면
보이는
새하얀 도화지

그 위에
그려지는
너의 모습

눈을 감으면
보이는
공허한 어둠

그 뒤에
비춰지는
밝은 너의 모습

어두웠던 나를
밝게 빛내주는 너를
사랑하지 않을 수 없었다

햇살

아침 햇살이
내리쬐며

내 마음을
따사롭게 하고

햇살과 같은
너의 미소는

내 마음을
녹여버리네

거울

거울에 비친
내 모습은
웃고 있을까
울고 있을까

거울에 비친
너의 모습은
웃고 있을까
울고 있을까

서로가
거울이 되어
앞에서 설 때

우리의 모습은
웃고 있을까
울고 있을까

서로가 달랐던
우리의 모습이

어느덧 같아지고
어느덧 하나가 되어
우리는 서로를 알아가네

거울을 바라보며
웃음을 짓는 우리는
서로에게 거울이 되어
사랑을 하고 있네

너란 꽃

보기만 해도
아름답고
향기로운 꽃

은은하게
퍼지는
너의 향기

보기만 해도
매료되는
너의 미모

꽃은 너이고
너는 꽃이며

너의 매력에
헤어 나올 수 없네

소리

따사로운 아침 햇살

잠을 깨우는
새의 지저귐 소리

하루의 시작을 알리는
닭의 울부짖는 소리

분주한 아침을 알리는
사람들의 발소리

그중 내가 가장
좋아하는 소리는

하루의 달콤함을
시작하는 너의 목소리

그림

벽에 걸려있는
한 폭의 그림

그림을 보며
마음 한편이
따스해지네

세상엔 많은
그림이 존재하고

많은 따스함이
존재하며

나 또한
한 편의 화가가 되어

너의 미소를
가슴에 그리며
따스함을 느끼네

널 만난 날

있잖아 그런 날

이상하리만치
기분이 좋은 날

세상이 너무
아름다워 보이는 날

무엇이든
할 수 있을 거 같은

그런 자신감이
충만한 날

무얼 해도
행복한 날

그런 날은 바로
너를 만난 날

독

행복하기 위해
시작한 사랑이

독이 되어
나를 죽이네

상처받기 싫어
했던 행동이

독이 되어
너를 죽이네

서로가 서로에게
독이 되어

서로의 목을 졸라도
우리는 또다시 사랑하네

우리의 사랑이
득이 되길 바라며

우리는 오늘도
사랑에 중독되네

편지

마음을 전하는
편지 한 통

받는 사람도,
쓰는 사람도,
모두가 설레네

무슨 말을 써야 할지
어떤 말을 전해야 할지
고민에 고민을 하다

"안녕"이라는
단어 하나를 적어보네

나무

우두커니 서 있는
나무 한 그루

때론 더위를 피하는
그늘막이 되어

때론 비를 피하는
가림막이 되어

때론 휴식을 취하는
쉼터가 되어

언제나 묵묵하게
그 자리를 지키네

나도 그런 나무가 되어
언제나 너를 지켜주고 싶네

소확행

같이 있고
같이 걷고

같이 웃고
같이 울고

같이 먹고
같이 자고

행복은 소소한
일상으로부터

행복은 사소한
행동으로부터

행복은 너와 나
우리 둘로부터

유성

수많은 밤하늘의
별들 사이로
떨어지는 유성 하나

화자들은
별똥별이라고도
부르네

별똥별을 보며
소원을 빌면
이루어진다던가

마음속으로
자그마한
소원을 빈 순간

내 안으로
너라는 유성이
떨어졌네

마법

마법이 일어났다

첫눈에 반해

너와 사랑에 빠지는

마법이

향기

찌르르르
코끝을
찔러오는 향기

다양한
여러 사람들의
향수 향

바람에 날려
날아오는
꽃내음

세상에 기분 좋은
향기들이 많고
그중 가장 좋은 향은

꽃처럼 아름다운
너에게서 나오는
너의 살냄새라네

그냥

사랑이란 말은
어떻게 표현해야
잘 표현할까?
참 모르겠다

그냥
보고만 있으면
웃음이 나온다

그냥
연락만 해도
하루 종일 행복하다

그냥
옆에 있는 것만으로
세상을 다 가진 거 같다

항상 함께하고 싶은 이런 것을
사랑이라 부르지 않을까?

그냥 항상
좋아하고 사랑합니다
언제나 함께해요

먼지

처음에 먼지는
눈에 보이지 않지

그러한 먼지가
조금씩 조금씩

쌓이면 그제야
눈에 들어오네

사랑 또한
처음엔 보이지 않다가

어느 순간
나도 모르게 커져 있네

먼지는 지독하며
사랑 또한 지독한

둘은
같은 결을 띠고 있네

번개

번개는
번쩍번쩍
빛이 난다

천둥은
소리가
요란하다

너를 보면
번쩍번쩍
후광이 비친다

너를 보면
쿵쾅쿵쾅
가슴이 요란하다

번개가
나에게
직격했다

나의 작은 세상

창문을 열어
바라보는
나의 작은 세상

그 세상 안에는
무엇이 있을까?

수없이 많은
작고 큰 건물들

주변을 빛내주는
꽃과 나무들

분주하게 움직이는
많은 사람들

그중에서
가장 눈에 들어오는 너

나의 작은 세상에
네가 들어와

어느덧 창문을
넘어오네

Ⅰ. 사랑

II 이별

기다림

보름달처럼
밝게 빛나던
너였는데

월식에 가려진
달처럼
어두워졌구나

이 월식도
잠시일 뿐이라
생각했지만

끝나지 않았고
끝을 암시하는
블러드문이 되었네

다시 한번
보름달이 뜨길 바라며
블루문을 기다리네

엔딩

말하지 않아도
알았었다

눈빛만 보아도
알았었다

그렇게 우리는
사랑을 했고

그렇게 우리는
이별을 했다

조용한 침묵 속
눈물만 흘렀고

서로 아무 말도
하지 못한 채

그렇게 우리는
결말을 지었다

사계절

꽃이 피던 날
꽃을 잃었고

뜨거운 태양 아래
모든 게 불타버렸네

추풍이 불던 날
낙엽이 떨어졌고

추운 겨울날
마음도 얼어붙었네

좋았던 사계절은
아픔이 되었고

그 시절의 사계절이
돌아오길 기다리네

휴지통

모든 걸 정리하는
휴지통에

하나씩 하나씩
버려본다

어느 순간
꽉 찬 휴지통은

나의 감정을
주체할 수 없이

흘러넘치기
시작하였고

다시 한번
정리를 하기 위해

꽉 채워진
휴지통을 비워본다

신발 끈

새 신발을 사고
신발 끈을 꽉 매고

신나게 밖으로
나들이를 가본다

돌아다니다 보니
풀려버린 신발 끈

다시 한번
꽉 묶어본다

아무리 꽉
묶어보아도

계속 풀려버리는
우리 관계에

신발 끈을 매다가
고개를 묻어버렸다

흉터

좋았던 기억도
슬펐던 아픔도

모든 게 끝나고
오래 지난 지금도

흉터로 남아
사라지지 않네

잊고 살아가도
행복한 지금도

그 흉터는
한 번씩 다가와

욱신욱신
내 마음을 쑤시네

동전

무엇인가
정하기 어려울 때

하늘로 던져보는
동전 한 닢

앞면과 뒷면으로
운명을 정해보네

이렇게 간단히
정해지던 운명이

우리의 관계에선
적용이 되지 않고

동전 옆면의
세로로 세워졌네

동전에 기대어
운명을 거슬러 보네

감기

예고 없이
찾아와

나를
아프게 하네

발버둥 쳐도
떨어지지 않고

지속적으로
괴롭히네

병원을 가도
낫질 않고

약을 먹어도
낫질 않네

이별은 아주
지독한 감기네

핸드폰

늘 끊임없이
울리던
핸드폰

어느 순간
거짓말처럼
조용하네

전부였구나
애석하게도
몰랐었구나

이 핸드폰이
다시 울리길
바라며

애꿎은
핸드폰만
바라보네

인사

이별 후에도
걱정되는구나

시간이 지나도
변함이 없구나

잘 지냈으면 해

장미

볼수록 정말 아름다운 꽃
그처럼 아름다웠던
너와 나, 우리

그 아름다움은
가시가 같이 있기 때문이었는데
서로 알아채지 못해주었구나

겉으로만 너를 보고
속의 상처를 안아주지 못하였네

겉으로만 나를 보고
속의 상처를 알아주지 못하였네

시간이 지나 우리는
서로의 가시가 되어

서로를 더 아름답게
비추어 주겠지

서로의 가시가 있기에
아름다움이 있는걸

너도, 나도 알아주길 바라며…
장미 한 송이를 손에 움켜쥐네

장작

장작이 타오르는 소리가
우리 사랑이 타오르는 소리 같구나

장작이 꺼지는 소리가
우리의 사랑이 끝났음을 알리는구나

한때는 뜨겁게 사랑하기도 했지만
그 뜨거움이 너무 강했을까

한 줌의 재로 남아
나의 곁을 떠나가는구나

다시 시작하고 싶어
아무리 불을 붙여봐도

이미 타버린 재에는
다시 불이 붙지 않는구나

새로운 장작을 가져와
다시 불을 붙였지만

그 장작이 네가 맞을까
그 장작이 내가 맞을까
그게 우리가 맞을까

다시 타고 있는
장작을 바라보며
눈물만 흐르네

이 장작 또한 너이기를 바라며
한 번 더 불을 붙여보네

사진

사진이란
신기하다

사진을 보면
과거가 보인다

아름다운
모습이 보인다

이쁜 풍경도 보인다
그리고 너도 보인다

하지만 조금은
공허하다

내가 보고 싶은 건
사진이 아닌 사람인가보다

사진을 보니
오늘 무척 네가 보고 싶구나

시작은? 끝은.

사랑의 시작은
물음표로 시작해서
마침표로 끝났다

나를 왜 좋아해?
라는 물음에
웃으며 글쎄? 라던 너

너를 모르던 나는
그렇게 물음표로
시작하였고

너를 다 알아가니
너는 잘 지내
라면서 나를 떠났다

꿈

꿈을 꾼다
깨어난다
지운다
잊는다

행복했다
슬퍼진다
멀어진다
잊어본다

꿈을 통해
애절함을
느끼고

꿈을 통해
공허함을
느끼네

이별의 아픔을
잠시나마

꿈을 통하여
지워본다

정류장

누구에게나 정류장이 있지
버스를 타는 많은 사람들
버스를 내리는 많은 사람들
다 각자의 정류장에서 내리지

그 사람들을 보며
내 정류지는 어디일까
나는 어디로 가는 걸까
생각을 하다가

결국 나는 종착역까지
내 정류장을 찾지 못하였네

내 정류장이었던
네가 사라진 지금
나는 어디로 가야 할지
갈피를 잡지 못하고

그저 버스에 올라타
수많은 사람들만 쳐다보네

많은 정류장을 지나치고
오늘도 내 정류장은 오지 않았네

내 정류장을 찾기 위해
나는 오늘도 버스에 올라서네

물결

저 바다에 흐르는
잔잔한 물결처럼
내 마음 또한
잔잔해지길

저 흐르는 물결 따라
우리의 추억들이
흘러가기를

이 아픔 또한
조용히
흘러가기를

마음이 어지러운 밤
저 흐르는 물결처럼
자유로워지기를

잘 가라고 말하며
물결에게
인사를 건넨다

메아리

너에게
닿기를
바라며

소리 내어
불러보는
너의 이름

메아리를 타고
울려 퍼진다

너의 귓가에
닿았을까

나의 마음을
알았을까

나를 알아주길 바라며
오늘도 외쳐보는

나의 메아리

시계

시계는 째깍째깍
잘도 흘러가네

나의 시계는 여전히
여기에 멈춰있는데

시곗바늘이
제자리에 멈춰 섰네

나의 시계는 다시
움직이기 시작하네

시계가 움직이길
바랄 땐 멈추고

시계가 멈추길
바랄 땐 움직이네

사랑은 시계와
정반대네

아는 사람

한때는
둘도 없는 친구

한때는 죽도록
사랑한 연인

한때는 같이 미래를
꿈꾸던 사람

그랬던 우리가
지금은 아는 사람

그냥 지나가던
그저 아는 사람

타이밍

너는 자꾸만
선을 긋는다

나는 계속해서
선을 지운다

시간이
흐르고

이제는 내가
선을 긋는다

이제는 네가
선을 지운다

사랑은
타이밍이다

비

정말 싫어하던 날이었다
맞으면 찝찝하고,
짜증 나고, 기분이 안 좋던
분명 그런 날이었다

하지만 오늘은
오늘만큼은
비를 맞고 싶다

이 비가
나의 머리를
식혀줄 거 같다

나의 마음을
알아주는 거 같다
나 대신
울어주는 거 같다

오늘만큼은
비가 좋다

오늘 같은 날
너무 고맙네
오늘은 비나 맞자

구름

텅 빈 하늘인 줄만 알았는데
구름 또한 가득하구나

여러 모양으로 바꾸며

누군가에겐 행복을
누군가에겐 슬픔을

또 누군가에겐
희망을 보여주는 구름

저 구름들을 보며
생각에 잠기네

내 텅 빈 가슴 또한
저 하늘처럼
구름들로 메꿔질 수 있을까

아니면 내가
저 구름이 될 수 있을까

생각이 많은 오늘
구름이 되는 꿈을 꾸어본다

낭만

내가 생각했던
낭만은
사랑이었다

네가 생각했던
낭만은
꿈을 이루는 거였다

서로의 낭만이
달랐던 우리는

낭만이라는
이름에 가려

상처를 주고
서로를 지우며

각자의 낭만을 찾아
그렇게 멀어졌다

후회

그땐 몰랐다

너와 함께하는

사소한 모든 것들이

행복이었다는걸

만우절

4월의 시작은
거짓말

이날은 모두
거짓을 말하네

그중 가장
거짓말은

너와의
이별 소식이네

노래

노래를 들어본다
춤을 춰본다

노래를 들어본다
감상에 빠져본다

노래를 불러본다
눈물을 흘려본다

노래를 들어본다
하늘을 올려본다

노래를 들어본다
생각에 잠겨본다

노래를 불러본다
소리쳐 말해본다

오늘 하루도 그저
노래에 빠져본다

밤

매일 찾아오는
길고 어두운 밤

거리에 찾아오는
밝은 불빛들

흥얼거리며
지나가는
술 취한 아저씨

꿈속으로
들어간
꼬마 아이들

누구에게나
밤은 찾아오고

각자 다른 방법으로
밤을 보내네

그중 나는 오늘도
네 생각으로 밤을 지새우네

구멍

길을 걷다 발견한
바닥에 뚫려있는
구멍 하나

양말을 신다 발견한
발가락 사이
구멍 하나

이별을 통해 발견한
가슴에 생긴
구멍 하나

세상엔 많은
구멍이 존재하고
구멍은 채울 수 있으며

각기 다른
각자의 방식으로
그 구멍을 메꿔가네

별들이 머문 자리

III 삶

터널

어둡고 좁은
긴 터널 안

하염없이
앞으로 걸어간다

끝이 보이지 않던
그 어두운 길

한 걸음 한 걸음
빛이 보이네

빛을 통과하여
보이는 풍경

뒤를 돌아보니
그것은 나의 시련

지금까지 나의
성장일지였네

Ⅲ. 삶

넥타이

한껏 차려입고
넥타이를 매다

목 끝까지
차오르는 넥타이에

숨이 턱 막혀오기
시작하였고

나를 조르는
이 넥타이를

내팽개치지만
각박한 이 사회에

어쩔 수 없이
넥타이를

다시 한번
매어본다

낚시

작은 의자
하나를 펼쳐 앉고

낚싯줄을
물에 던진다

따분함과
지루함의 반복

기다림 끝에
대어를 낚았네

고생 끝에
낙이 오듯

먹구름 끝에
볕이 들 듯

우리 삶에도
월척이 깃들길

문

사람들이
지나다니는 통로

그 통로의 문을
굳게 닫았다

굳게 닫힌 문은
열릴 생각이 없었고

외부와의 소통을
차단했었다

그 순간 들리는
똑똑똑 노크소리

그 소리에
호기심이 일어

조심스레
문을 열었고

그렇게
굳게 닫혔던 문은

다시 한번
무엇보다

환하게 빛나는
통로가 되었다

주마등

한번 스쳐 지나간
생각들은

범람하는 강물처럼
멈추지 않고

점점 불어나
나를 잠식하네

나는 후회 없는
삶을 살았는가

아니면 후회뿐인
삶을 살았는가

너는 앞으로
어떤 인생을 살 건가

주마등으로 볼
너의 세상은 어떠한가

장인

저마다
다 각자의
특성이 있다

그저 그것을
찾지 못하고
있을 뿐

너만 그런 게 아닌
대부분의
모두가 그렇다

장인들 또한
그저 열심히
두드리다 보니

지금의 장인
즉 빛을 발한 것일 뿐
그러니 포기하지 마라

담배

생각이 많고
정리되지 않을 때

담배 하나를 물고
불을 붙여본다

한숨을 대신하여
담배 연기를 내뿜고

눈가에는
이슬이 맺힌다

그렇다 그냥 그저
담배 연기가

눈에 들어갔을 뿐
그냥 딱 그뿐이다

게임중독

조용히
게임을 시작한다

세상에는 다양한
게임이 참 많고

여러 가지 게임을
즐겨본다

정말로 쉬운 게임
머리가 깨지는 게임

그리고 가장 어려운
나를 성장시키는 게임

오늘도 게임을 하며
곰곰이 생각에 잠긴다

나 또한 누군가의
게임 속 데이터는 아닐까

안개

뿌옇게
흩뿌려진
안개

시야를
가리며
앞을 막네

가슴속에
안개가 끼어
길을 잃었네

그러나
안개 사이로
빛이 머금고

그 빛은
그 무엇보다
찬란하였네

나이

철없을 시절
거침이 없었네

나이가 들수록
겁이 많아지네

당당했던 행동은
어느덧 구석으로

용기 있던 행동은
어느덧 외면으로

두려움을 몰랐던 마음은
어느새 실패를 생각하네

세상을 살아가야 하고
지켜야 할 게 많아지네

세월이 지날수록
어린 시절의 내가 그립네

시작

누군가 물었다
왜 그리 침울한가

나는 대답했다
무엇을 할지 모르겠습니다

그는 다시 질문했다
그래서 너의 인생이 끝났느냐

나는 대답했다
그저 모든 게 두렵습니다

그가 말하였다
아직 지기엔 아름답구나

그런 고민 또한
잘하고 있는 것이니

서두르지 말게나
너의 삶은 이제 시작이니

힘들어하는 그대들에게

강줄기를 따라 걷다 보면
바다가 나오듯이

내가 걷는 이 길 또한
언젠가는 바다가 나오겠지

때론 지치고 힘들어도
포기하지 말자

잠시 쉬어가더라도
강물은 계속 흐를 테니

천천히 걸어가다 보면
언젠가는 빛을 발할 테니

바다가 나올 테니

공터

아무도 없는
깊은 숲속
한 빈 공터

그 공터 속에
자리 잡아
몸을 뉘어본다

쉬이이이
귓가에 스치는
음산한 바람소리

스윽 스윽
움직이는
벌레 소리

어디선가
비춰오는
밝은 불빛 한 점

이 어두운 공터 속
나 혼자만은
아니었구나

별의 모습

무수하게 빛나는
별들 사이로

가장 찬란하게
빛나는 별 하나

그 아름다움에 빠져
넋을 놓고 쳐다보네

혹여나 그 빛이
꺼지지 않을까

걱정을 하다
문득 생각이 들었네

저 별은 지금의
우리들이 아닐까

별을 통해서

우리 모습을
비추어 주는 게 아닐까

우리는 언제나
찬란하게 빛나니

누구보다도
아름다운 존재니

걱정하지 말라는
별의 모습이 아닐까

그림자

나의 다른 이면
나의 발자취
나의 벗

나의 앞을
나의 옆을
나의 뒤를

때론 이끌고
때론 함께하고
때론 받쳐주네

겉은 어둡지만
밝은 빛이 있어야
나오는 그림자

성질이 달라도
서로를 보듬어 주는
우리는 하나라네

자서전

책상에 홀로 앉아
책 한 권을 읽어본다

조용한 침묵 속에
천천히 책을 본다

스윽 스윽 책 넘기는
소리가 들리고

책을 한 페이지씩
넘길 때마다

가슴속에서 무언가
차오르는 느낌이 든다

주마등이 스쳐 가며
살며시 웃음 짓는다

그렇다 이 책은
나의 자서전이다

일기

하루를 마무리하는 일기
그 속에는 무엇이 있을까

어쩌면 내 삶을 돌아보는
추억이 담긴 말들

어쩌면 너와의 소중한
기억과 발자국

어쩌면 행복했던 날과
슬펐던 날을
웃고 위로하는 날

오늘도 일기를 쓰며
그동안의 발자취를 읽어본다

나의 성장일기를 읽으며
가볍게 미소 짓네

보물

보물을 찾아서
여행을 떠났다

수많은 길을
헤치며 도착했다

그곳엔
보물은
없었다

그렇다
보물은

지나온
모든 항해가
보물이었다

욕심

가진 건 없고
용기만 있던 시절

욕심만 많고
철이 없던 시절

그 시절 우린
사랑을 나눴고

욕심이 화가 되어
또 다른 욕심을 낳았네

그 욕심으로 인해
순수함을 잃었고

그 욕심은 죄가 되어
나의 목을 졸랐으며

지금도 또 다른
욕심을 찾고 있네

욕심 해석

가진 게 없는데 사랑을 했고

사랑을 해서 가지고 싶은 게 많아졌다

(돈, 명예, 직업, 결혼 등)

그렇게 치열하게 살다가

순수함을 잃어버렸고

또 다른 욕심을 찾는 건

이미 한 번 욕심을 부렸기에

더욱더 원하게 된다

욕심은 끝이 없다

저의 개인적인 해석입니다
다 각자의 해석이 있으시고
다 다를 거라 생각합니다

길

길을 걷다가
걸어가다 보면
막히는 길도 있다

그럴 때는 그저
돌아서 가면 된다

새로운 길은
언제나
어디에나 있으니

그러니
주저앉지 말자
돌아서서 나아가자

파도

저 잔잔했던 파도가
한 번씩 휘몰아치듯
출렁거리는 것이
우리의 인생을 빗대어 주구나

잔잔한 마음에
파도가 휘몰아치면
마음이 혼란스럽겠지

괜찮을 거야
그 또한
지나갈 테니

폭풍은 지나가고
다시 잔잔함이 찾아올 테니
그대들이여
너무 슬퍼하지 마라

폭풍이 지나간
그 자리엔

더욱더 진한
잔잔함이 찾아올 테니

클로버

길가에
널려있는
클로버들

평소라면 그저
지나쳤을 텐데

오늘은 그 앞에
멈춰 서서 바라본다

세잎클로버
행복이라는 말
지금껏 그냥
지나쳤구나

네잎클로버
행운이라는 말
지금껏 너란 행운을
몰라주었구나

바쁜 일상 속
돌아보지 못하고
지나치는 것들 속에

클로버가 주변에 있듯
행복과 행운도
늘 곁에 있으니

때로는 잠시 쉬어가자
지나치는 아름다움이
너무 많기에
아쉽지 않은가

미로

셀 수 없는 수많은 갈림길
제자리를 돌고 돌아
마주치는 무수한 장벽들

살아가며 마주치는
수많은 길, 장벽
그리고 제자리

삶과 미로는 같다
주저앉고 싶겠지만
미로에도 출구는 존재하니

걸어가고 또 걸어가라
그러다 보면 너의 출구
너의 인생의
종착점에 도착할 테니

성장통

돌이켜 보면
소중했던 시간들

문득문득
떠오르는 순간들

때로는 좋았고
때로는 슬펐고

때로는 아팠고
때로는 황홀했으며

지금의 나를 만들어 준
신비했던 경험들

때때로 한 번씩
추억 여행을 하며

오늘도 더 나은 나로
성장해 나가네

이야기

드라마, 만화, 영화 등
한 명씩은 존재하는
주인공

주인공이 되어보는
꿈을 꾸어보지만
인생은 엑스트라

많은 사람들이
다들 주인공을
꿈꾸다 좌절하네

하지만 그거 아는가
엑스트라가 없는
이야기는 없다

결국 그들 또한 주인공
모든 이야기엔
그들만의 이야기가 있으니

엑스트라면 어떠한가
너의 이야기에서
너는 주인공이네

순환

어렸던 소녀와
소년이 만나

사랑에 빠지고
사랑을 나누며

함께 나아가고
함께 성장하며

어른이 되고
부모가 되어

아이의 성장을
지켜보고

그 아이는 또 다른
사랑을 만나

어른이 되고
부모가 되네

술

기쁠 때도
슬플 때도
마시는 술 한 잔

기쁨의 눈물 한 방울
슬픔의 눈물 한 방울
그렇게 조금씩 조금씩
모여서 만들어진
술 한 잔

때로는 같이 축하해 주고
때로는 같이 울어주고
모든 사람의 마음이
이 한 잔에 담겨
위로를 전하네

이 한 잔으로
오늘 하루를
잘 마무리할 수 있길 바라며
이 시를 전해본다

돌

그저 가만히
제자리를 지키고
싶었던 나는 돌

세월의 흔적에
깎이고
풍화되고

여기저기서
까이고
던져지고

그렇게
이리 구르고
저리 구르고

제자리를
잃어버린
우리는 돌멩이라네

물결에 비친 세상

바닥에 고인 물결
잠시 자리에 서서 멍하니
그 물결 안을 들여다본다

그 안에서 보이는 세상은
보이는 그대로의 세상일까
내가 보고 싶은 세상일까

아름답기도 하며
무언가 허해 보이는
그 물결 속 세상이 궁금해
손을 살포시 가져다 대본다

그 손은 닿을 수 없는 꿈처럼
그 세상에 닿지 못하고
나의 꿈은 잃은 것일까
아니면 더욱 커진 것일까

나는 무슨 세상을 꿈꾸는지
물결에 비추어 생각해 본다

별들이 머문 자리

별들이 머문 자리

마무리

세상에는 다양한
마무리가 존재하네

우리는 그동안
마무리를 해왔고

나는 지금도
마무리를 하려 하네

그렇다 이 시는
이번 시의 끝

이번 여행의
종착점이네

이건 너와 나
우리의 마무리며

이제부터는
새로운 시작이라네

발 등이 차가운 사람

초판 1쇄 발행 2024. 8. 16.

지은이 임영웅
펴낸이 김영곤
펴낸곳 ㈜북이십일 바른북스

편집인 장지현
디자인 장재원

등록 2019년 4월 3일 제2019-0000040호
주소 서울시 성동구 연무장5길 9-16, 301호 (성수동2가, 블루스톤타워)
대표전화 070-7857-9719 | 경영지원 02-3409-9719 | 팩스 070-7610-9820

·바른북스는 여러분의 다양한 아이디어와 원고 투고를 기다리고 있습니다.

이메일 barunbooks21@naver.com | 원고투고 barunbooks21@naver.com
홈페이지 www.barunbooks.com | 공식 블로그 blog.naver.com/barunbooks7
공식 포스트 post.naver.com/barunbooks7 | 페이스북 facebook.com/barunbooks7

ⓒ 임영웅, 2024
ISBN 979-11-7263-095-9 03810

·바른북스는 책의 가치를 소중히 여기는 분들께 고개 숙여 감사드립니다.
·이 책 저작권법에 의해 보호를 받는 저작물이므로 무단 전재 및 복제를 금지하며,
이 책 내용의 전부 및 일부를 이용하려면 반드시 저작권자와 바른북스의 서면동의를 받아야 합니다.

그믐 밤하늘에 사라지는 저
반짝이지 않고 녹슨 눈은
호흡을 동여매는 그믐 달수를
그리기 너무 낯설어서, 아 공포의

반짝불 그늘 수 있을 이이다
밤이는 눈 책세에 눕성아 눈은
이리한 힘편표, 빛빛을 동해
그 뻔 이을씨 밸핥, 그곷앴는는다
해 뵤 호앵하고 앴지나,
나는 해 뵤 살수하고 그 빨 없앵매해

그믐 밥이 돗챙한다
사람들은 보두 살수하고, 호앵하고, 둥아니라 편은
사람들 호흡을 동해서 물 더 앉았을 수 잇기에

아 나 앉앙하 호흡은 늙은 이뿐다
나무 말은 호흡들을 눈이 지었지면,
호흡은 해애 핥앙고
우얐믐 나는 그 말이 애배묜 앉꺕앙했다
호앵지사 빨리는 말은 이었다